*Chamán ante el fuego*

**Poesía**

# Bailarinas de rafia

Julia Navas Moreno

ALBACETE 2024

Título: *Bailarinas de rafia*
1ª edición, junio de 2024
2ª edición, junio de 2024

Dirección: Anaís Toboso & Pedro Gascón
www.chamanediciones.es

© de la obra Julia Navas Moreno
© del prólogo Andrés Ortiz Tafur
© de la imagen de cubierta Cecilia Jiménez Ferres
© de la fotografía de la autora Alejandro Mos Riera
© de la edición Chamán Ediciones

Diseño: Chamán Ediciones
Maquetación: Marino Rubio Izquierdo
Corrección ortotipográfica: Claudia Praga
Impresión y encuadernación:
Estilo Estugraf Impresores S. L.
www.estugraf.es

ISBN: 978-84-126989-5-4
D.L.: AB 339-2024
BIC: DCF

Impreso en España

# Índice

# Una niña

*L*ES *debemos más de una ronda a los olvidos que nos permiten dar un paseo sin echar cuentas. De alguna manera, funcionan como ese exabrupto con el que despacha Karmelo C.* Iribarren *su maravilloso poema* Momentos *que no tienen precio: "Ahí os quedáis, hijos de puta", pero sin emplear siquiera la buena o mala sangre que conllevan los actos conscientes, como un regalo caído del cielo; hasta que, pasado un rato —toda vez que hemos finiquitado ese paseo— devienen en la nada más absoluta en aras del presente que escondían —y del que nos salvaban—. Lástima que no podamos servirnos de ellos cuando nos lo aconsejan: "Bah, déjalo ya, olvida el tema", o cuando nos interesa, porque necesitamos dormir o comer un poco. Y eso que la mayoría se fabrican con las mismas herramientas que los recuerdos: una canción, una película, una cerveza, una llamada o encuentro inesperado, el mar embravecido, golpeando contra las rocas, en esa playa, en nuestra playa, y* voilà: *un problema al que, momentáneamente, se le funden los plomos.* Momentáneamente.

*Existe otra desmemoria sin atisbo de esta amabilidad y que encierra el viaje sin retorno en el que se sumergen algunos de nuestros mayores. A ella le dedica Julia Navas Moreno buena parte de esta obra. A una madre que olvida tu nombre, que te margina en favor de una hermana que nunca tuvo; a una madre que no sabe quién la abraza, quién la visita, quién la toma en su regazo, quién la llora; a una niña que ha olvidado a su niña a una vida de la que ya sólo queda el cuerpo,* la bailarina de rafia *que cuelga en una casa que ya no habita.*

*La niña escritora escribe sobre ese folio en blanco en el que se ha convertido su madre. La niña que en su anterior libro era la madre de otra niña. Tres mujeres en un pasillo blanco, inhóspito. Tres hermanas que nunca fueron, que nunca serán, y que son. Y un hombre que fue marido, padre y abuelo y que ya no es. Que ya no está.*

*Un padre.*

*";Me he ido desdibujando o, por fin, soy yo más que nunca?", se pregunta la poeta en el basto páramo en el que resuelve una vez tras otra la madurez y abriendo, en mi humilde opinión, la verdadera herida que lamen estos versos: el desequilibrio que origina la pérdida de las manos que nos tomaban, aun cuando ya no aprietan. La pérdida De las tardes de domingo, de esa rutina inquebrantable, gris, pero inquebrantable. La pérdida de la memoria, que ya sólo se sostiene a un lado del espejo, al que todavía miramos para poder vernos. La pérdida del padre. De un padre.*

*Un padre.*

*Y una niña que tendrá que aprender el miedo que provoca la ausencia de miedo, cuando ya no importe si su madre la ha reconocido, porque ya no está, porque ya se ha ido con el padre a seguir bordando bailarinas de rafia.*

Andrés Ortiz Tafur
Cortijo Viejo, 23 de abril, de 2024

# Bailarinas de rafia

*A mis hermanas, Esther y Sofía,*
*sólidos pilares que me sostienen y ayudan*
*a no ser edificio en ruinas.*

*A mi padre, Antonio Navas Caballero.*

*Hoy son las manos la memoria.*
*El alma no se acuerda, está dolida*
*de tanto recordar. Pero en las manos*
*queda el recuerdo de lo que han tenido.*

Pedro Salinas


*Se nos rompe el cristal y únicamente queda lamentarse.*
*Entramos de repente, divididos, al lugar de los cambios,*
*al cuadro donde queda retratado*
*aquello que se va y no regresa:*
*un inmenso Jardín de las Delicias donde viven desnudos*
*las aves y los monstruos,*
*donde en un tiempo lento y sin motivo*
*siguen muriendo las desapariciones.*
*Si hubiese una razón para vivir, ¿sería esa razón un* infraleve*?*
*¿sería una fracción de un* infraleve*?*

Alejandro Céspedes

# Bailarinas de rafia

*A mi madre,*
*Julia Moreno Herrera*

DESPUÉS de haber amado tanto las raíces,
de aspirar profundamente el aire
buscando los aromas de la infancia.
Después de tanta ensoñación en viajes
por carreteras secundarias y alegrías primarias
cuando nadie dirigía tu parada
y las estaciones de servicio eran,
más allá de un par de surtidores
y unos aseos bajo demanda de llave,
una quimera americana.

¿Qué nos queda, madre?
¿Por qué la distancia, si tanto nos amamos,
es cada vez más larga?
Ahora la desmemoria lo anega todo
y sólo hay vagones de recuerdos oxidados
en paradas muertas.
Ahora tú eres la niña secuestrada
y se hace imposible el rescate.
Todas hemos sufrido alguna vez
el síndrome de Estocolmo.

No hay urgencia en visitar
el nido del añoso árbol:
todo rezuma tristeza y abandono.
Incluso aquellas bailarinas de rafia plastificadas
que bordaste con tus manos cuidadosas,
hoy resultan pantomimas de torpes trazos,
figuras cansadas sobre el fieltro que las sostiene
mientras a mí ya no me auxilia nada.

# ¿Cuál es mi nombre?

Se te ha quedado tan inmenso el mundo
que hasta sobra espacio en los armarios
antes abarrotados de vestidos
y ajuar urdido cuando aún se te permitía soñar;
ropa que guarnecía nuestras camas
y secaba nuestros cuerpos
—tus cuerpos—
mojados tras un baño a regañadientes.

Es fácil que las perchas apenas choquen entre sí:
ya tienen suficiente barra para deslizarse
como escuálidas bailarinas de colores.
Una pequeña mesilla junto a una cama
en la que duermes será, a partir de ahora,
tu única compañera de noche.

Como si fuesen tuyas compartes las estancias
cuando ya nada posees,
salvo esta capacidad de confusión
que a su antojo nos nombra.

*No, mamá, no somos tus hermanas.*
*¿No recuerdas? Sólo tienes un hermano.*

Frunces el ceño, retraes cuello y cabeza
y se dibuja una media sonrisa en tu rostro.
Y entonces nos miras recelosa
como si fuéramos nosotras
las que hubiésemos enloquecido.

# Respirar es lo importante

*¿tienen los peces memoria?*

Ella mira fijamente a través del cristal
mientras su madre canturrea en la cocina.
Acerca el dedo muy despacio
hasta sentir la superficie lisa y fría,
la barrera que separa su extraordinario universo
del diminuto y refulgente pez,
y este acude agitando
su geométrica aleta
y sus labios diseñados
como a punto de estampar un beso.

Se pregunta si la distingue o si percibe
todos los rostros iguales,
amenazantes y obtusos,
si añora lo que nunca ha conocido,
si la soledad le pesa demasiado.

¿Sueñan los peces con dioses?
¿Necesitan esperanza para seguir nadando?
¿De qué escapan si no hay enemigo
en ese espacio cóncavo, artificial?

Ella sabe que la huida es
un acto de supervivencia.
No importan dirección,
avance o retroceso:
hasta las flores se trasladan
a través de semillas
o de manos dadivosas.

Que sólo el último aliento nos detiene
y, aun así, el viento acabará esparciendo las cenizas.

Que lo importante es respirar
aunque sea a través de branquias.

# En los bolsillos

Guardo todo en los bolsillos.
Ellos hablan de nuestras pequeñas miserias
y delatan los asuntos más cotidianos.

Si te asomaras a los míos
descubrirías que soy caótica,
que pierdo la vez en las carnicerías
absorta y siempre en la inopia.
Que un día sufrí una terrible afonía
y desdoblé caramelos de jengibre y miel,
uno tras otro.
Que las horquillas son fieles aliadas
para recomponerte tras un tornado.
Que me hago cargo de mi basura
y respeto el espacio común tanto
como mi propia casa, así que también
se acumulan pañuelos de papel arrugados
y alguna que otra mascarilla.

Nada salvable cuando llegue el vaciado
de toda una vida y se amontonen las prendas
para su desahucio dada la vuelta a los bolsillos.

# Silencio

Hᴀʏ tanto silencio en los pasillos,
en el comedor,
en la sala de visitas.
Suena un hilo musical para ahogar
el sigilo de los que han olvidado
el día de ayer,
el rostro de ayer,
su ahora perpetuo.

En esta mole de ladrillos grises
es contagioso el mutismo
y la risa parece una ofensa,
una bofetada en un rostro muerto.

Hoy me he colado en tu cama.
de tu habitación prestada.
Allí estabas, vestida y silenciosa,
ausente, pero viva.
Entré sin llamar y al verme se iluminó tu rostro.

Hoy no dudaste de quien soy
aunque no recordases mi nombre.
Me invitaste a tu lecho y nos abrazamos
entre risas, como locas
inmunes al destrozo de la soledad,
al olor de orines y pañales defecados,
a los lamentos de una anciana
gritando un nombre sin respuesta.

Ella no ha parido una eterna niña
que acabe enredada entre sus sábanas.

# Otra

PERMANECE en mi memoria
todo lo que entregué para ser amada.
También se dibujan en los recuerdos
las flores pisoteadas,
los trenes perdidos,
las huidas,
las caídas estrepitosas.

Podría decir que soy sabia
ahora que camino con los ojos cerrados
por las arterias de mi día a día;
que sobrevivo al estiaje,
a la inclemencia,
a las hordas del olvido en tu mirada,
al frío de la moneda en la palma de la mano,
sustento para la última travesía.

Podría jurarte que no tengo miedo
a ser ceniza, al frío tacto de piel acartonada
bajo tu puño tembloroso,
pero sería morir cien veces, ser otra,
desconocida, invisible, incierta y atroz.

# La pérdida

LA pérdida es el dúctil vacío
de las tardes de domingo,
no encontrar la palabra adecuada,
mirar con extrañeza el rostro antes venerado.

# Incertidumbre

Ya no sé qué espacio me pertenece.
Cedidos todos los rincones de la casa,
sólo soy dueña de mis pensamientos,
de mis recurrentes dudas
y mis pequeñas certezas.
Me pregunto, entre otras cosas,
qué significa la memoria de los antepasados
cuando estos ya la han perdido
en la marabunta senil del olvido.

Todo lo arrasa la desmemoria.

He huido de mi padre y de mi madre
en distinta medida
y ahora resulta que soy su vivo retrato:
atesoro todos sus defectos y sus virtudes.
Cede la rebeldía a la ternura,
los aspavientos a la caricia,
del salto al vacío al tiento de cada paso.
¿Me he ido desdibujando o, por fin,
soy *yo* más que nunca?

## Sin ti

PEGADA a la piel de tus venerados huesos
dormito en tu vientre y en los cauces de tu cuerpo.
Bebo de tus fluidos por miedo
a que el río que me dio a vida se vacíe
y temo a la soledad de la noche más oscura

sin ti.

Me atormenta tanto tu posible ausencia.
Me atormenta.
Me atormenta.
Me atormenta.

# Lo conocido

En esta existencia de retiro, de relojes perezosos
y lienzos remolones que guardan el calor
de largas noches, camino sin prisa
paseando por calles conocidas.

Sólo anhelo sorpresas predichas
como cuando sabía lo que guardaba
el envoltorio de colores
que habían dejado los Reyes Magos.
También intuía que los "Reyes"
erais vosotros.

Temo llamadas intempestivas
que sacudan el corazón y aflojen mis piernas
y me rompan.
—¡las temo tanto!—

Por primera vez en mi vida
quiero todo en su sitio:
los sentimientos resueltos
y las heridas cerradas.
Necesito cauces para todas las aguas
por muy voluminoso que sea el caudal,
y evitar el desbordamiento
que arrastre todo al agujero negro del olvido.

Firmo testamentos y recibos
(recibos, recibos, recibos…)
Y, para compensar tanta renuncia,
dejo que mis hijos se equivoquen.

# Conciencia

Por más que me empeño en trascender
la rutina SIEMPRE se acaba imponiendo:
la compra de una cafetera que hace capuchinos,
un pantalón a un precio tan escandalosamente rebajado
que no puedo dejar de pensar en la explotación de
        mujeres y niñas
en países donde la esperanza es demasiado onerosa.

*ESPERANZA, ESPERANZA, ESPERANZA.*

Pero me lo quedo.
Miro hacia otro lado, me sermoneo y me digo que soy
demasiado poquita cosa para cambiar el mundo
—suspiro como una pequeña y tierna *poquita cosa*—
Salgo de la tienda sintiéndome culpable,
pero no lo suficiente, porque me queda bien,
porque me siento ínfima en este puzle interminable,
un grano de arena en una duna gigantesca
que me arrastra y erosiona la voluntad.

Nadie habla de las manías del tercer mundo.

# La existencia

Tocar el terciopelo de las flores
y quedar impregnado en los dedos
el aroma de una existencia
que se antoja malgastada.
Has sido valiente tantas veces,
pero otras has contado hasta cien
jugando al escondite,
refugiándote en todos los bosques
mientras pequeñas arañas tejían tu pelo.

# Orillas

Volverás a la orilla.
Abrirás los ojos
y verás que al otro lado todo se repite:
los juncos, los sauces, el arcoíris de plásticos
empañando la perfección.
No importa en qué lado discurran tus pensamientos:
son siempre las mismas aguas las que mojan tus pies.

# Nido vacío

Cuántas hazañas te quedan por descubrir
ahora que el nido comienza a vaciarse
y tu rostro se desdibuja
en la implacable imagen del espejo.
Sigues dudando qué camino elegir
porque el tiempo de largos recorridos
se desliza somero y apremia
en una inquietante cuenta atrás.

Por eso madrugas y tomas el primer café
antes de ser requerida, nombrada.
Por eso sólo te detienes
—cada vez menos—
para saciarte de palabras cuando la herida
ya escuece demasiado.

Y reivindicas tu tiempo, tu pequeño tiempo robado,
momentos de saldo a horas intempestivas
para que nadie note tu ausencia.

# Iceberg

HE regresado a la casa de mi infancia
y un olor a tristeza lo impregna todo.

¿Por qué la felicidad se contamina
de aquello que dimos de lado?
¿Por qué el olvido no hace acto de presencia
cuando se le invoca?

Son una lección de vida los icebergs,
nenúfares de hielo
flotando en las aguas más frías.

Mansos, pero traidores.

Y evitar su cuerpo marmóreo,
su venganza de gigante errante
abandonado a la deriva.

Tú también guardas la tercera parte de tus miedos
y asoma tu sonrisa amable,
tu yo adecuado a las circunstancias
con tu potencial resentimiento
listo para la colisión.

# Fantasmas

ME desperezo y escupo el vacío
que llevo dentro. Tan denso, tan sólido,
que a veces recurro a la uve que conforman
dedos índice y corazón,
para expulsar los huesos
de melocotones agrios
prendidos en mi garganta.

Guardo jugosos secretos
cerrados bajo siete llaves
en algún lugar de la habitación.
Camino descalza para no alertar de mi presencia
y así continuar con mi errático paseo.
Recorro los pasillos como un fantasma
mientras desaparece la huella efímera de mis pies
                                        [desnudos.

# Mermas

Cómo sobrevivir al desencanto
ahora que sabemos que el futuro
tiene los días contados,
que necesitas a tus hijos más que ellos a ti,
que el amor es un proyecto,
un acuerdo entre dos partes
que se avienen para emplastecer
las grietas de la soledad.

Que esa casa que se te antojaba tan pequeña
ahora es un páramo enorme,
un palacio de cristal
difícil de mantener con tus fuerzas mermadas.

# Dignidad

Tu lengua ya no encuentra las sílabas
de nuestros nombres
y tu dignidad se manifiesta en un pañal
que permanece impoluto.

# Fe

Ella cree más en las piedras
que en el amor de su madre.
Ella cree en todo lo que le dicen
cuando busca remedio a su desesperanza.
Y mira alrededor de su cama.
                                    Y huye.

Repito:
ella cree en esas piedras mudas,
pero más hermosas que el amanecer,
porque estas no cambian,
no prometen futuro ni reflejan pasado.
Son sólo brillo y belleza,
silencio y pequeño espacio en los bolsillos.

# Una nueva manera de vivir

Vamos a encender las antorchas
y llenar las estancias de luz vibrante;
que las sombras se queden al otro lado
para que no distraigan con su oscura silueta,
para que no nos pisen los talones
cuando descubramos nuevos caminos,
que cada viaje
no sea una mirada al abismo,
y quedarse, un acto de cobardía.

Vamos a subir las persianas
sin importarnos cortar el sueño
de los rezagados.
Abrir las ventanas y asomarnos
todo lo que la imprudencia nos permita
para inaugurar una nueva manera de vivir.

# Cambio de roles

Has entrado en mi casa tantas veces.
Has recorrido el pasillo
y conoces las miserias de cada esquina,
lo que exudan las paredes, el olor a comida
que invade las estancias.
Por mucho que cerremos las puertas,
siempre se cuela algo por las rendijas.

Nos escondimos bajo las sábanas,
entre los libros,
y fingimos como buenos actores
mientras la piel ardía a punto de estallar la carne.

Ahora somos nosotros los vigilantes,
los guardianes, los cancerberos.

# Viva

Hay un dolor punzante
que me recuerda que estoy viva.
Siempre he sabido que sufrir
es un estado más
y que entre las sierpes del daño
se desperezarán los gozos
y sus inyecciones de esperanza.

Intuía el miedo tras las puertas,
que la palabra podía anunciar
la peor de las tragedias.
Me da igual: siempre ávida
abro los ojos, boca, manos,
esperando el efecto mágico que conforma
la alquimia de cada letra,
esperando el choque como la rana de hierro
engullendo la moneda
en los merenderos de mi infancia.

# Distancia de seguridad

No es lo mismo no querer
que no poder;
quedarte absorta entre paredes
que llevan tu nombre
y castigarte con suelas de plomo
para no enfrentarte a tus miedos.
Refugiarte del frío y del calor
y vivir a temperatura ambiente.

Ahora llamarías a todas las puertas,
mendigarías abrazos y conversaciones
y te mojarías bajo la lluvia a cualquier hora
mientras tus pasos te llevan
hasta el límite de tus posibilidades,
hasta la línea de los acantilados
en la que, también, es necesario
guardar la distancia de seguridad.

# Rogatoria

Ruego prudencia, reflexión,
sentido común:

no tiren los guantes en las aceras
ni abandonen a los perros en las cunetas.
No cojan los coches si no es necesario.
No habiten paraísos fiscales.
No hacinen sus armarios
con el dolor de las pequeñas costureras.
No pongan la enésima piedra
para levantar muros de ignominia.
No se protejan con escudos
blindados de hiel y egoísmo.

No cometan
delación, sumisión, extorsión.
No miren para otro lado,
sólo hacia adelante sin volver la vista atrás.

*Dad y se os dará.*
Pisad y siempre habrá alguien
que se alce sobre vosotros
para llegar a la cima de su pequeñez.

No seamos enemigos
ante fronteras ocasionales.
Cuando el estratega corre peligro
siempre hay un armisticio a su gusto.
Ejércitos descomunales, botones rojos,
misiles, basura radioactiva.
Todo inservible
si la poderosa Naturaleza
se despereza agitada y mortal.
O puede que dios *sí* juegue a los dados.

# El destino

AL destino le gustan las bromas pesadas,
jugar con nuestros sueños y convertirse en apisonadora
para dejar una estampa
de cuerpos unidimensionales.

¡Quién nos iba a decir que nos esperaría
un estado de alarma con banda sonora!
¿Resistiríamos si de repente
se desencadenase la locura en los supermercados?

Lenguas de sierpes acechan
y lamen nuestra mano tendida.

No tocar el terciopelo de las flores
contamina más que cualquier virus latente.
Quedarse siempre en el vestíbulo
y no irrumpir en las habitaciones
es asumir el destino, saludar sumiso.

Y nada está escrito, lo sabes.
Cada quiebro en tus pasos
trastoca presente y futuro,
transformando territorios y fronteras,
encuentros y desencuentros;
crea o aborta, esboza o firma
lo que está escrito.
lo inapelable y vivido.

# Paisajes

Visité las fuentes del olvido
para beber de otras existencias exentas de limos.
Busqué nuevas sendas donde sorprenderme
con el crujir de las hojas secas bajo mi cuerpo.

Son los abrazos ramas poderosas
en las que brotan flores libadas
por los pájaros de nuestra existencia.
Sueños arrebatados de las sábanas
en noches de calor y de insomnio.

¡Ay, del que respire sin agitarse
cuando dos cuerpos colisionan!

Sortean los esquivos y desconocen
la química ancestral y sanadora de las pasiones.
Sus almas son muñones cicatrizados,
pero duelen las extremidades fantasmas
a falta de sentir el tacto de otros dedos.

# ¿Recuerdas?

SOBREVIVIMOS ante tanta inclemencia
en aquel resquicio de amor que nos quedaba.
Y las paredes se fueron ensanchando.
Y la supervivencia se convirtió en renacimiento.

Era una semilla fuerte la que creció
a la sombra de nuestras locuras cotidianas.
Jugábamos cada día a apurar nuestros cuerpos
y celebrábamos la victoria al vencer la tristeza del ocaso.
Afrontábamos cada tarde de domingo
soñando con la huida definitiva y conjunta.

# Demasiado alto

AL caer la noche dejé mis pesquisas
a los pies de la cama.
Arrojé los calcetines tan lejos
como lo estaba aquel verano feliz
del ochenta y dos.

Me rendí al sueño
como ya me había rendido a la vida
y reconocí que me merecía
todas las malas calificaciones como madre y como hija.
Yo, discípula vocacional
en todas y cada una
de mis hechuras y pespuntes.
Yo, que disfrutaba con servir, cuidar, amar
a setenta y ocho revoluciones por minuto.

Quizá es que mis expectativas
habían apuntado
demasiado alto.
Quizá os he estado engañando
y, en el fondo, siempre he querido
mostrar mi vientre, mi ímpetu transgresor,
mi gusto por retorcer
el pensamiento más impoluto.

## Arroyos

LLEVO los pies manchados
porque arrastro todo lo que cae
desde la estratosfera.
Las partículas de indiferencia, la deslealtad,
los ojos hambrientos
y las bocas cerradas.
Antes de precipitarse en el radio de mi existencia
forman puntas de lanza que se clavan en mi espalda
y crean arroyos de sangre.

# Fosos

Quiero intentar convencerte
de que busco huir del dolor de la llaga,
del vértigo en el risco.

Sólo quiero un mar de sonda[1],
enigmas resueltos con la sencillez
que siempre desea mostrar
una verdad a medias.

Dicen que la gente feliz no es interesante.

¿Dónde nos ha llevado tanto esfuerzo
si preferimos ser cuervos antes que alondras?

Ahora me asustan las olas, el viento fuerte,
la tormenta y las miradas atroces.
Ahora que soy fuerte me asusta todo.

Las certezas son diamantes
y me acomodo en los vértices de nuestra casa,
de esta hacienda construida al unísono
donde ya no caben dudas, pero sí los miedos,
las pérdidas, los huesos y las caricias desgastadas.

Y dibujo tu silueta con trazo grueso para no olvidarte.
Y delimito espacios con altas empalizadas en las que
                                                    [ensartar
lo que está prohibido según mis reglas o mi capricho.
Así mi fortaleza, mi castillo, mi foso.

---

[1] Mar de sonda: junto a la expresión *mar de donas* son términos marineros en desuso para mencionar a un mar en calma o de profundidad conocida. [*N. de los Eds.*]

# Cambio de roles II

Hoy soy yo la que enhebro la aguja
para reconstruir tus prendas.
Ahora somos nosotras las que velamos tu risa.
Siempre nos quedará el consuelo de tus pies danzantes
como si te hubieras enfundado
las *zapatillas rojas* [2].
No hay culpa cuando el ajuar se guarda sin dobleces
y sólo el amor ocupa las estancias.

También las palabras se olvidan,
o se difumina su significado
o se desubican y todo se descoloca
y confunde.

---

[2] Alusión a un cuento tradicional de Hans Christian Andersen que narra la historia de una niña atrapada en unos zapatos que no le permiten dejar de bailar. [*N. de la A.*]

# Confusión

UNA mancha en una camisa antes impoluta.
Un eclipse que sigue perturbándonos
con ese guiño apocalíptico.
Esa raíz a la vista cuando debería asomar el brote.
La lluvia torrencial en el desierto
nos hace mirar al cielo con la boca abierta.
Lluvia de ranas.
Tornado súbito.
Esa alegría que nos invade
cuando una mano asoma entre los escombros.

Ese silencio cuando claman nuestras voces
intentando sonsacarte tus recuerdos.
Ese silencio.

# Últimos días de un padre

Este adiós es el rotundo esqueleto
que sostiene toda una vida juntos.
Las costillas se acomodan y se rinden
hundiéndose en la arena de un reloj
a punto de quebrarse.

Tras esa puerta hemos arrinconado
toda inquina y sólo nos cruzamos miradas
de ternura atrasada, arrepentidos
de no haber sido capaces
de un armisticio a tiempo.

Nos despedimos cada tarde en habitaciones
de luz cegadora y acompañantes desconocidos.
No hay intimidad,
y el amor y el dolor se muestran con total impudicia,
como el marchito cuerpo enjuto
tras el desbaratado camisón.

Recibes visitas con la esperanza
perdida entre los pliegues
de las sábanas blancas.

Un padre es cimiento de tantas construcciones:
casas sólidas, palacetes hermosos o chamizos
donde todo escasea o se pudre.

Con los restos tras el derribo hemos rehecho
un hermoso hogar para el recuerdo,
y tus cenizas están a salvo de todo oprobio.

Ya te he perdonado, padre,
por haber rechazado tantas veces
el amor de mi rebosante y desnuda rebeldía,
ese amor que un día dejé de regalarte
a manos llenas
y que ahora respira a cada golpe de ausencia.

# Urnas

Antes, no hace demasiado tiempo,
visitábamos los cementerios para honrar
a nuestros muertos.
Recorríamos largos pasillos
y doblábamos esquinas
contemplando la belleza de los ángeles
caídos y una *pietà* que nos robaba el aliento.
También aquí el suelo tiene un precio
y se amontona la ascendencia en vertical
donde apenas se llega para regar las flores
aunque sólo sea el día de difuntos.
Ahora, ellos ocupan nuestras casas
(los muertos)
reducidos a cenizas, descansando en frágiles urnas,
tránsito para el reposo definitivo,
dispersos en aguas salinas, pueblos extintos,
paredes.

# Imperfectas

Te quiero fuerte, soberana, tangible,
y no sé qué hacer con los miedos
que te envuelven y paralizan
como enormes anacondas.

Te empujo al exterior mientras me aseguro
de la fiabilidad de todos los arneses.

Siempre supe de tu belleza y fragilidad
y me abruma esa combinación imperfecta.

Te enseñaré a deambular por las arterias
de deslealtades y otras pérdidas,
y tú acabarás trazando
nuevas siluetas en las rocas
hasta que las yemas de tus dedos
sangren tanto como tu herida interior.
Es tan fácil como poner un apósito.

Buscaré la dirección idónea
para llegar a un destino
y tú te perderás por las calles contiguas e inhóspitas.

Es imposible crear a imagen y semejanza
para abortar los errores conocidos;
los sabios se equivocan
y los ineptos alardean de sus conquistas.

Quizá nuestras vidas se acaben pareciendo,
pero serán tus pasos los que te lleven
a esa memoria de la nostalgia,
de la piel heredada hecha jirones.

Amar esta vida tan imperfecta
es amar a lo semejante,
bañarse en los mismos lodos
probar el calostro de las madres inseguras
y comprenderlas en esta escuela
de asignaturas pendientes sin la oportunidad
de repetir curso.

# Aprendizaje

ARROJAR los aros y errar casi siempre.
Que duela el brazo, pero no dejar de intentarlo
fortalece y subraya cada nuevo triunfo

La épica del quebranto habla más de nosotros
que la vanagloria del éxito.
Quiero que sepas que nadie sale ileso de una contienda:
ni siquiera los ganadores con el peso de las medallas
en su cerviz.

# Moda

Todo lo que te pones te sienta bien:
la mirada de viernes,
la sonrisa cómplice frente al espejo,
la ternura solvente de tus manos,
la tristeza y la desolación.

Llevas siempre el vestido perfecto
y esos complementos heredados
con la pátina del tiempo y otras cicatrices
que se renuevan cada temporada
con frescos aires de supervivencia.

Este año se llevan los collares cortos
perdidas las cuentas de los que se han ido.

Te hacen daño los zapatos
y sueñas caminar descalza
pisando plumas de marabú
y arenas blancas.

# Noli me tangere

*A Burguitos, torrente inspirador.*

No me toques.
No usurpes mi inocencia.
No traspases la puerta de la estancia
donde la niñez habita rodeada de flores frescas.
No interrumpas mi plácido sueño para convertirlo
[en pesadilla.
No manches mis ropas de domingo con tus sucias
[manos ni arranques
las alas de mariposas que revolotean en mi campo de
[amapolas.
No envenenes las palabras que hablan de amor para
[que nunca puedan volver a ser
pronunciadas sin sentir la hiel de la náusea quemando
[mi garganta.
No, no me toques. No hagas que se detenga el tiempo
[y me quede atrapada en el espejo
con los ojos llenos de estupor.
Crecer viendo el reflejo de una mirada convertida en
[cristal opaco.
No me llames *princessssssa* con el sonido silbante de la
[serpiente.
                Yo maldigo tu nombre
                y lucho a dentelladas
                para que esta vez triunfe
                el OLVIDO.

# Asilo

Necesito que este cielo plomizo desaparezca
cuando voy a visitarte a tu habitación.
Es nueva para ti, pero me pregunto cuántos
cuerpos la han ocupado antes.
De repente caigo en la cuenta
de que todas las que han dormido en tu cama
ahora estarán muertas.
Y es ahora cuando tomo conciencia
de tanta pérdida
y arden mis entrañas de dolor.

Necesito que al menos un rayo de luz
alumbre la austera estancia para que empuje
la tristeza que todo lo ocupa
                                    hacia afuera.
Hemos cambiado el nombre de los edificios
como si eso importara,
como si *asilo* no fuera una palabra hermosa:
albergue, cobijo, amparo, resguardo, refugio…

Crear y destruir. Asentarse y comenzar la fuga.
Como si huir redimiera la vergüenza
y olvidar borrara las cicatrices en el paisaje.
Este lugar de tránsito
            donde los pequeños cuerpos encorvados
            ocupan todas las sillas
            y ni siquiera las miradas se cruzan en los
            pasillos.
Este lugar de visitas
            donde el amor se concentra en tiempo.

            Tiempo muerto, leve tiempo.

# De mentiras y pájaros

Te he mentido diciéndote
que nunca te mentiría.
He jugado sucio para limpiar mis pecados
y expiar la culpa que anida en mis armarios.
Me sigo escondiendo de las miradas
como alondra huidiza.

Duermen las lechuzas
mientras fingimos vivir
una absurda existencia.
Y en la noche,
mientras ellas se desperezan,
repasamos el trillado recorrido
de todos los afectos.

# Caos y desmemoria

PRÉSTAME tus ojos, tus manos,
tu nombre.
Quiero ser tú por unos días
al menos,
y saber qué se siente
cuando no se siente nada,
cuando se es quimera a todas horas.

Quiero vaciarme de ternura, de pasión y compasión,
bañarme en las aguas turbulentas
para ver cómo resbalan las gotas
sobre mi cuerpo oleoso.
Quiero la desmemoria para no recordarte huraña.

¿Cómo pude no darme cuenta de
que llevabas vestidos de otras tallas?
Nómbranos como quieras,
como a ti te dé la gana.
Desmadeja el tiempo a tu antojo
y juega con el hambre,
con los vivos y los muertos,
con los afectos robados,
los bolsillos descosidos
y las fotografías desdeñadas.
No respondas si no quieres,
no disimules tu olvido
ni tu sorpresa
cuando abres el armario
y miras toda esa ropa
que te resulta ajena, nueva,
aunque se haya perdido su apresto y etiquetas.

# Muerte y geología

La muerte subraya la vida.
Los días malgastados son
pequeñas bofetadas que nos despiertan a la realidad.

Los besos no dados,
los viajes pospuestos,
las decisiones erróneas.

Es tiempo de pérdidas,
de orfandad y murmullos simulando rezos,
y tus dedos sangran de escribir elegías.
Sólo hay dos maneras de morir:
lentamente, como lava deslizándose
por la ladera de un volcán,
o en estallido abrupto, vesubiano.

Ambas convierten tu existencia
en un paisaje nuevo y desolado.

# Epílogo

*E*RAN *dos. Dos bailarinas de rafia bordadas sobre fieltro negro y encuadradas con un marco fino y dorado. Ambas han estado en todos los hogares en los que vivimos; se vinieron con nosotros y nunca faltó un trocito de pared que las acogiera en cada nueva casa. Destacaban de entre aquel batiburrillo de objetos que conformaban la decoración de las estancias. Es extraño, pero era mi padre el que compraba los muebles, los cuadros, los electrodomésticos… Y mi madre, como siempre, asumía su absolutismo sin rechistar. Compañeros de travesía de mis queridas bailarinas fueron una maja desnuda de Goya y otro cuadro de Julio Romero de Torres extraído de un calendario; dos platos de cobre de los Reyes Católicos y la insidiosa cabeza de ciervo que nunca supimos quién cazó y que por mucho que rogamos que se deshiciera de aquel cercenado cadáver, la respuesta siempre fue una sonrisa burlona y un rotundo no. Nuestros hijos, sus nietos, tuvieron que superar sus miedos ante aquel bicho de dimensiones desproporcionadas para un pequeño salón y acabaron acostumbrándose a su presencia. Nosotras nunca lo hicimos. Cuando tocó el vaciado de la casa, la desaparición de toda una vida, necesitamos un contenedor para tanto objeto inservible. Fue duro, desgarrador, pero aquí el ciervo nos compensó tanto agravio impositivo y estético. Cumplimos la amenaza que a él le traía al pairo y que sólo conseguía ensanchar aún más su sonrisa burlona: a su muerte, aquel animal, ya ajado y sucio, acabaría en un contenedor.*

*Y así fue.*

*El buen gusto de mi madre quedó oculto bajo las ínfulas de decorador de su esposo, pero si mirabas más allá de tanto oropel, se apreciaba todo lo hermoso hecho gracias a la pericia de sus manos: colchas de ganchillo, tapetes primorosos, manteles bordados, cortinas, cuadros de bailarinas de rafia. Toda aquella labor artesana la sacábamos a pasear con jerséis de cenefas geométricas, gorros, guantes, vestidos, pantalones y hasta una colección completa de ropa para mi Nancy.*

*Lo último que hizo antes de que la enfermedad arrebatara su prodigiosa memoria fueron bolsas de ganchillo que regaló a hijas, nietos, amigas... Tejió muchas, casi compulsivamente, como si supiera que la carrera contra el olvido estuviera ya perdida y comenzara a despedirse de lo que siempre le había dado tanta felicidad.*

*Mi madre ya no sabe decirme cuándo bordó las bailarinas de rafia, cuánto tiempo llevan en nuestras vidas y por qué sólo quedó una de aquellas dos iniciales. Qué ocurrió con la que se agachaba para atarse la zapatilla. Ellos, que nada tiraban...*

*Hoy, la bailarina solitaria está conmigo, aquí, a mi lado. Y para que, aunque sea por un instante, también ocupe un lugar en vuestras vidas, en vuestras emociones, asoma en este libro, junto a ti, lector o lectora. No lloramos lo arrebatado si antes no lo hemos amado profundamente, como yo a esta errante figura que, a pesar de todo, sigue su danzar en la memoria y en el tiempo.*

Julia Navas Moreno
Gijón, mayo de 2024

*Bailarinas de rafia*
de
Julia Navas Moreno
se terminó de imprimir el 1 de junio de 2024.
Un día cualquiera
la bailarina y coreógrafa
Martha Graham
sentenció:
*La danza es el lenguaje oculto del alma*

*Chamán ante el fuego* (Poesía)

*Chamanes, a escena* (Teatro)

www.chamanediciones.es